CRIPTOINTELIGENCIA

Cómo la IA, el Bitcoin y las Criptomonedas Están Revolucionando
las Finanzas

CONSULTORIA IA

A NUESTRA FAMILIA

CONTENIDOS

BREVE RESEÑA

Criptointeligencia: Cómo la IA, el Bitcoin y las Criptomonedas Están Revolucionando las Finanzas es un ebook que te sumerge en la intersección de la tecnología más disruptiva del siglo XXI: la inteligencia artificial (IA) y las criptomonedas. En un mundo donde la innovación avanza a pasos agigantados, este libro explora cómo estas herramientas están transformando las finanzas personales y corporativas, revolucionando los sistemas económicos tradicionales y abriendo puertas a nuevas oportunidades.

Desde entender el papel del Bitcoin como oro digital hasta analizar cómo la IA potencia la gestión de inversiones y el trading algorítmico, este ebook es una guía práctica y estratégica para quienes desean aprovechar al máximo esta revolución tecnológica. Además, desentraña conceptos complejos como blockchain, smart contracts y DeFi, explicándolos de forma sencilla y accesible.

Ideal para emprendedores, inversores y curiosos del mundo financiero, Criptointeligencia no solo te enseña a navegar en este nuevo paradigma, sino que también te inspira a participar activamente en la construcción del futuro financiero. ¿Estás listo para ser parte del cambio? Este libro es tu primer paso.

AUDIENCIA OBJETIVO

La audiencia objetivo de Criptointeligencia: Cómo la IA, el Bitcoin y las Criptomonedas Están Revolucionando las Finanzas incluye:

1. Inversores y Traders

   - Personas interesadas en diversificar sus carteras y maximizar sus rendimientos a través de criptomonedas y herramientas basadas en IA.

2. Emprendedores y Empresarios

   - Innovadores que buscan integrar blockchain, Bitcoin, o IA en sus modelos de negocio para obtener una ventaja competitiva.

3. Profesionales de las Finanzas

   - Analistas financieros, gestores de patrimonio y consultores que desean actualizarse en las tecnologías que están transformando el panorama financiero.

4. Tecnólogos y Curiosos del Mundo Digital

   - Desarrolladores, tecnólogos y entusiastas del blockchain interesados en entender cómo la IA se une al ecosistema cripto.

5. Estudiantes y Académicos

   - Personas que buscan una introducción clara y accesible a conceptos clave como Bitcoin, blockchain, DeFi y trading algorítmico.

6. Curiosos del Futuro Económico

   - Aquellos interesados en comprender cómo la IA y las criptomonedas impactarán las finanzas personales, las economías globales y los sistemas bancarios tradicionales.

Este ebook está diseñado para lectores con distintos niveles de conocimiento: desde principiantes que buscan entender conceptos básicos hasta expertos que desean estrategias avanzadas para implementar IA y criptomonedas en sus proyectos.

PORQUE LEER ESTE LIBRO

Leer Criptointeligencia: Cómo la IA, el Bitcoin y las Criptomonedas Están Revolucionando las Finanzas es esencial si quieres:

1. Entender el Presente y Prepararte para el Futuro

El libro te ofrece una visión clara y accesible sobre cómo la inteligencia artificial y las criptomonedas están remodelando el sistema financiero global, ayudándote a anticiparte a los cambios y aprovechar las oportunidades que surgen de esta transformación.

2. Dominar Conceptos Complejos de Forma Simple

Desentrañamos temas como blockchain, Bitcoin, contratos inteligentes, DeFi y trading algorítmico, explicándolos con un lenguaje amigable pero sin perder profundidad, para que puedas aplicarlos en tu vida personal o profesional.

3. Mejorar tus Finanzas e Inversiones

Descubre cómo la IA puede ayudarte a optimizar decisiones financieras y cómo las criptomonedas pueden convertirse en un pilar clave para construir riqueza, diversificar tus ingresos y protegerte de la inflación.

4. Innovar y Crear Oportunidades de Negocio

Explora cómo integrar estas tecnologías en tu emprendimiento o industria, transformando tus procesos, generando valor y destacándote en un mercado competitivo.

5. Aprovechar una Guía Práctica y Estratégica

No es solo teoría: incluye casos de éxito, estrategias comprobadas y herramientas accionables que puedes implementar inmediatamente, tanto si eres principiante como si ya estás inmerso en este ecosistema.

6. Formar Parte de la Revolución Financiera

Este libro no es solo para observar desde la distancia; te invita a ser un actor clave en el cambio hacia un sistema financiero más descentralizado, eficiente e inclusivo.

En un mundo que se mueve hacia la digitalización acelerada, Criptointeligencia es tu aliado para no quedarte atrás y tomar el control de tu futuro financiero.

PREFACIO

Vivimos en una era de transformación sin precedentes. La tecnología está desafiando las reglas establecidas, las economías globales se están redefiniendo, y el poder de la innovación está cambiando la forma en que entendemos las finanzas, los negocios y, en última instancia, el éxito. Este libro surge de la necesidad de comprender y aprovechar este cambio.

Desde que el Bitcoin irrumpió en el mundo como una moneda digital revolucionaria, acompañado del potencial infinito de la tecnología blockchain, y la inteligencia artificial demostró su capacidad para transformar industrias enteras, una pregunta ha persistido: ¿cómo estas fuerzas combinadas pueden cambiar mi vida y mi futuro financiero?

Criptointeligencia es mi intento de responder a esa pregunta. No es solo un libro sobre tecnología ni una guía técnica para expertos en finanzas. Es una invitación a todos los curiosos, visionarios y emprendedores que ven en este cambio una oportunidad, no una amenaza.

En estas páginas encontrarás explicaciones claras, estrategias prácticas y una visión inspiradora de lo que significa ser parte de esta revolución. Desde la descentralización del poder financiero hasta el uso de la inteligencia artificial para tomar decisiones más inteligentes, este libro pretende ser tu mapa en un terreno que, aunque complejo, está lleno de promesas.

Este no es un camino reservado para una élite tecnológica; es un camino abierto a cualquiera dispuesto a aprender, adaptarse y actuar. Te invito a explorar conmigo cómo la IA y las criptomonedas no solo están transformando el sistema financiero global, sino también creando nuevas oportunidades para quienes estén listos para aprovecharlas.

La revolución ya está aquí. ¿Te unirás?

CONSULTORIA IA

CAPÍTULO 1: LA NUEVA ERA FINANCIERA: BITCOIN, CRIPTOMONEDAS Y LA REVOLUCIÓN DESCENTRALIZADA

Imagina un mundo donde las finanzas ya no dependen de bancos centrales, intermediarios costosos o fronteras nacionales. Donde cualquier persona, sin importar su ubicación o estatus económico, puede participar en la economía global con solo un teléfono móvil. Este es el mundo que están construyendo el Bitcoin, las criptomonedas y la inteligencia artificial. Una revolución que está cambiando para siempre cómo entendemos, usamos y transferimos el dinero.

Un Cambio Sísmico en las Finanzas

Para comprender esta nueva era, debemos retroceder al 31 de octubre de 2008. En medio de una crisis financiera global, un misterioso personaje (o grupo) bajo el seudónimo de Satoshi Nakamoto publicó un documento titulado Bitcoin: Un sistema de dinero electrónico de igual a igual. Este documento, también conocido como el Whitepaper de Bitcoin, presentó al mundo una tecnología radical: blockchain, una cadena de bloques que permite registrar transacciones de manera descentralizada, transparente e inmutable.

Bitcoin no es solo una moneda digital; es una idea. Representa una ruptura con el sistema financiero tradicional, que depende de intermediarios centralizados como bancos y gobiernos. En su lugar, Bitcoin permite a las personas realizar transacciones directamente, sin necesidad de confiar en una entidad centralizada. Este concepto, conocido como descentralización, es el núcleo de esta revolución.

Pero ¿qué significa exactamente descentralización? Imagina un libro de contabilidad compartido por millones de computadoras en todo el mundo. Cada vez que se realiza una transacción, se registra en este libro, y cualquier intento de manipulación es prácticamente imposible debido a la estructura distribuida del sistema. La confianza ya no se deposita en una institución, sino en las matemáticas y la criptografía.

Más Allá del Bitcoin: El Nacimiento de las Criptomonedas

Bitcoin fue solo el principio. A medida que la tecnología blockchain ganó popularidad, surgieron nuevas criptomonedas que ampliaron las posibilidades de esta innovación.

Ethereum, por ejemplo, introdujo la idea de contratos inteligentes: programas autoejecutables que se activan cuando se cumplen ciertas condiciones. Esto permitió casos de uso más allá de las transacciones financieras, como votaciones electrónicas, seguros automatizados y mercados descentralizados.

Hoy en día, existen miles de criptomonedas, cada una con su propio propósito. Algunas, como Ripple (XRP), están diseñadas para facilitar pagos internacionales. Otras, como Litecoin, ofrecen transacciones más rápidas y económicas. Y luego están los tokens diseñados para plataformas específicas, como Chainlink, que conecta contratos inteligentes con datos del mundo real.

Aunque el mercado de criptomonedas puede parecer caótico y volátil, no cabe duda de que está impulsando una transformación profunda en cómo entendemos el dinero, los contratos y la propiedad.

Las Ventajas de un Sistema Financiero Descentralizado

La revolución de las criptomonedas ofrece una serie de beneficios clave que desafían el status quo financiero:

1. Accesibilidad Global

Más de mil millones de personas en el mundo no tienen acceso a servicios bancarios, pero la mayoría de ellas posee un teléfono móvil. Con criptomonedas, estas personas pueden enviar, recibir y almacenar dinero sin necesidad de un banco.

2. Transparencia y Seguridad

Las transacciones registradas en una blockchain son públicas y verificables por cualquiera. Además, gracias a la criptografía avanzada, estas transacciones son extremadamente seguras.

3. Reducción de Costos

Las criptomonedas eliminan la necesidad de intermediarios, lo que reduce significativamente las tarifas asociadas con transferencias bancarias, pagos internacionales y otras transacciones.

4. Resistencia a la Censura

En algunos países, los gobiernos restringen el acceso a cuentas bancarias o limitan la cantidad de dinero que se puede transferir. Con criptomonedas, estas restricciones son imposibles de implementar, ya que el control está en manos del usuario.

5. Velocidad en las Transacciones

Mientras que las transferencias bancarias internacionales pueden tardar días, las criptomonedas permiten enviar dinero a cualquier parte del mundo en minutos.

El Papel de la Inteligencia Artificial en la Revolución Financiera

La inteligencia artificial (IA) está desempeñando un papel crucial en la adopción y evolución de las criptomonedas. Aquí hay algunas formas en las que la IA está revolucionando este espacio:

- Análisis Predictivo

La IA puede analizar grandes cantidades de datos del mercado en tiempo real, identificar patrones y predecir movimientos de precios. Esto ayuda a los inversores a tomar decisiones más informadas.

- Automatización de Transacciones

Los algoritmos impulsados por IA pueden ejecutar operaciones en mercados de criptomonedas con una velocidad y precisión que supera a los humanos.

- Gestión de Riesgos

Mediante el análisis de datos históricos y actuales, la IA puede ayudar a los usuarios a minimizar riesgos y optimizar sus carteras de inversión.

- Seguridad

Los sistemas de IA pueden detectar y prevenir intentos de fraude o ciberataques en exchanges y wallets de criptomonedas.

- Accesibilidad y Educación

Con asistentes virtuales y plataformas educativas impulsadas por IA, más personas pueden aprender sobre criptomonedas y cómo usarlas de manera efectiva.

Desafíos y Críticas al Ecosistema Cripto

Aunque el potencial de las criptomonedas es inmenso, también enfrenta desafíos significativos:

1. Volatilidad

Los precios de las criptomonedas pueden fluctuar drásticamente en cuestión de horas, lo que las hace poco atractivas como reserva de valor para algunos.

2. Regulaciones

Los gobiernos de todo el mundo están tratando de regular el uso de criptomonedas. Mientras algunos países como El Salvador las han adoptado como moneda de curso legal, otros las han prohibido por completo.

3. Impacto Ambiental

Algunas criptomonedas, como Bitcoin, requieren un gran consumo de energía para su minería. Esto ha generado preocupaciones sobre su impacto ambiental.

4. Fraudes y Estafas

La falta de regulación también ha llevado a la proliferación de proyectos fraudulentos que engañan a los inversores.

A pesar de estos desafíos, las criptomonedas están demostrando ser resilientes, evolucionando y adaptándose para superar los obstáculos.

¿Qué Significa Esto para Ti?

La revolución de las criptomonedas no es un fenómeno lejano o exclusivo de los expertos en tecnología. Es un movimiento que está afectando a todos, desde pequeños comerciantes en Asia hasta grandes corporaciones en Estados Unidos. Como individuo, tienes la oportunidad de participar en esta transformación, aprender sobre estas tecnologías y aprovecharlas en tu vida diaria.

Si eres un empresario, las criptomonedas pueden abrir nuevas formas de recibir pagos, expandir tu mercado y reducir costos operativos. Si eres un inversor, ofrecen una clase de activos con un potencial de crecimiento sin precedentes. Y si eres simplemente un ciudadano curioso, entender estas tecnologías te dará una ventaja en un mundo donde lo digital y lo descentralizado están dominando cada vez más.

Un Vistazo al Futuro

Estamos en los albores de una nueva era financiera. Así como Internet transformó las comunicaciones y el comercio, el Bitcoin y las criptomonedas están redefiniendo el dinero. La combinación de inteligencia artificial, blockchain y finanzas descentralizadas no solo está rompiendo las reglas del juego, sino creando uno completamente nuevo.

En los próximos capítulos, exploraremos cómo esta revolución está impactando industrias enteras, desde los pagos internacionales hasta la gestión de activos, y cómo puedes posicionarte para ser un ganador en esta era de transformación. ¡Prepárate para un viaje fascinante al corazón de la criptointeligencia!

¿Por qué el sistema financiero tradicional está siendo desafiado?

El sistema financiero tradicional, cimentado durante siglos en pilares como los bancos centrales, las monedas fiduciarias y las instituciones de crédito, está enfrentando un momento de profunda transformación. En el epicentro de este cambio están las criptomonedas, lideradas por Bitcoin, y la inteligencia artificial (IA), que actúan como catalizadores de una revolución financiera global. Pero ¿qué ha llevado a este sistema aparentemente robusto a un punto crítico de desafío?

Exploraremos ahora las razones fundamentales que explican por qué el sistema financiero tradicional está siendo desafiado, cómo las criptomonedas y la IA están rompiendo paradigmas, y qué cifras y hechos respaldan este cambio inevitable.

La Erosión de la Confianza: Una Brecha en el Sistema

El sistema financiero tradicional ha perdido, paulatinamente, la confianza de millones de personas. Según el Edelman Trust Barometer 2023, solo el 47% de los ciudadanos en países desarrollados confía en las instituciones financieras. Esto se debe a varios factores:

1. Crisis Económicas Recurrentes: Desde la Gran Depresión de 1929 hasta la crisis de 2008, el mundo ha sido testigo de múltiples colapsos financieros. En 2008, la quiebra de Lehman Brothers y el desplome inmobiliario global provocaron una pérdida de $22 billones (USD) en la economía global, según el FMI. Estos eventos desnudaron la fragilidad del sistema financiero tradicional y sus prácticas de riesgo.

2. Inflación y Devaluación: La emisión incontrolada de dinero por parte de bancos centrales ha erosionado el poder adquisitivo de las monedas. Por ejemplo, el dólar estadounidense ha perdido más del 96% de su valor desde 1913, el año en que se creó la Reserva Federal. En países como Argentina o Venezuela, la inflación anual supera el 100%, llevando a millones a buscar alternativas fuera del sistema tradicional.

3. Exclusión Financiera: Más de 1,400 millones de personas en el mundo carecen de acceso a servicios bancarios, según el Banco Mundial (2022). Las barreras incluyen altos costos, trámites burocráticos y una falta de infraestructura adecuada en regiones subdesarrolladas.

Criptomonedas: El Surgimiento de una Alternativa

En este contexto de desconfianza, Bitcoin, lanzado en 2009 por un desarrollador (o grupo) bajo el pseudónimo de Satoshi Nakamoto, ofreció una solución: un sistema financiero descentralizado, transparente y resistente a la censura. Desde entonces, ha nacido un ecosistema de más de 23,000 criptomonedas, con una capitalización de mercado combinada que supera los $1.2 billones (CoinMarketCap, octubre 2024).

Las Ventajas que Desafían al Sistema Tradicional

1. Transparencia: Las criptomonedas operan sobre tecnología blockchain, un libro mayor digital inmutable y accesible públicamente. Esto contrasta con el sistema bancario, donde las operaciones suelen ser opacas y sujetas a regulaciones complejas.

2. Descentralización: No dependen de intermediarios como bancos centrales o gobiernos. Esto las hace atractivas en contextos de censura económica o colapsos de sistemas locales.

3. Resistencia a la Inflación: Bitcoin, por ejemplo, tiene un suministro máximo de 21 millones de monedas, lo que lo convierte en un recurso finito. Este modelo contrasta con las monedas fiduciarias, que pueden ser emitidas ilimitadamente.

4. Inclusión Financiera: Con un smartphone y acceso a internet, cualquier persona puede participar en el ecosistema cripto, sin importar su ubicación o estatus económico.

Cifras Impactantes

- Más de 420 millones de personas poseen criptomonedas a nivel mundial (Crypto.com, 2024).

- En países con crisis económicas, como Turquía y Nigeria, más del 30% de la población adulta utiliza criptomonedas como refugio de valor (Statista, 2023).

- Las remesas enviadas con criptomonedas crecieron un 45% en los últimos tres años, ahorrando hasta un 70% en comisiones respecto a los servicios tradicionales como Western Union.

La Inteligencia Artificial: Potenciando la Revolución Financiera

Si las criptomonedas son el vehículo, la inteligencia artificial es el motor que acelera esta revolución. La IA está redefiniendo cómo interactuamos con el dinero, desde la toma de decisiones hasta la gestión de riesgos. Según McKinsey, la adopción de IA en la banca podría generar más de $1 billón en valor agregado anual para 2030.

Aplicaciones de la IA en Finanzas

1. Análisis Predictivo: Plataformas como Bloomberg Terminal AI o startups como Numerai utilizan IA para analizar grandes volúmenes de datos y predecir tendencias de mercado con alta precisión.

2. Automatización de Operaciones: Los robo-advisors, como Betterment y Wealthfront, utilizan IA para gestionar portafolios de inversión personalizados con costos significativamente más bajos que los asesores humanos.

3. Seguridad Financiera: La IA identifica patrones de fraude en tiempo real, protegiendo a millones de usuarios de transacciones no autorizadas.

4. Smart Contracts: Las blockchains como Ethereum, combinadas con IA, permiten la ejecución automática de contratos inteligentes, eliminando intermediarios y reduciendo costos operativos.

Impacto en el Sector Financiero

- Según PwC, la automatización y la inteligencia artificial reducirán los costos operativos de los bancos en un 22% para 2025.

- Las plataformas de crédito basadas en IA, como Upstart, han aprobado más de $20 mil millones en préstamos, democratizando el acceso al crédito con tasas más bajas.

Un Nuevo Paradigma: Finanzas Descentralizadas (DeFi)

Las finanzas descentralizadas (DeFi) son uno de los desarrollos más disruptivos dentro del ecosistema cripto. DeFi permite a los usuarios realizar préstamos, depósitos, intercambios y más, sin necesidad de un banco o intermediario.

Crecimiento Exponencial

- En 2020, el valor total bloqueado (TVL) en DeFi era de $1 mil millones; en 2024, supera los $45 mil millones.

- Plataformas como Aave y Uniswap manejan miles de millones de dólares en transacciones diarias, todo sin una autoridad central.

Riesgos y Oportunidades

Si bien DeFi ofrece libertad y acceso, también plantea riesgos, como ciberataques y la volatilidad de los activos. Sin embargo, estos riesgos están siendo mitigados progresivamente con avances en seguridad y mejores prácticas.

¿Estamos Ante el Fin del Sistema Financiero Tradicional?

El sistema financiero tradicional no desaparecerá de la noche a la mañana, pero su modelo centralizado enfrenta una presión sin precedentes. Los bancos y gobiernos están comenzando a adaptarse:

1. Monedas Digitales de Bancos Centrales (CBDCs): Países como China, con su Yuan Digital, y la Unión Europea están desarrollando sus propias criptomonedas estatales para competir con Bitcoin y otras cripto. Según el FMI, más de 130 países están en etapas de desarrollo de CBDCs.

2. Colaboración Público-Privada: Instituciones tradicionales están invirtiendo en tecnología blockchain. JPMorgan, por ejemplo, utiliza su plataforma blockchain Onyx para pagos transfronterizos.

3. Regulación Inteligente: Algunos gobiernos están optando por regular, en lugar de prohibir, el uso de criptomonedas. En 2024, el 76% de los países tienen regulaciones claras sobre criptoactivos (Chainalysis).

El Futuro de las Finanzas: Una Sinergia entre Tradición e Innovación

En lugar de un enfrentamiento directo, es probable que veamos una convergencia entre las finanzas tradicionales y las nuevas tecnologías. La coexistencia será clave para crear un sistema financiero más robusto, inclusivo y eficiente.

La revolución financiera está en marcha. Las criptomonedas y la inteligencia artificial no solo están desafiando al sistema tradicional; lo están obligando a evolucionar. El desafío no es solo tecnológico, sino también cultural, marcando un cambio profundo en la forma en que concebimos y utilizamos el dinero.

Estamos en el umbral de una nueva era financiera, y el sistema que emerja de este cambio definirá el futuro de la economía global. ¿Estás listo para formar parte de esta revolución?

Aspecto	Estadística/Cifra	Fuente/Año
Confianza en el sistema financiero	Solo el **47%** de los ciudadanos confía en las instituciones financieras tradicionales.	Edelman Trust Barometer, 2023
Pérdida del valor del dólar (1913-2024)	El dólar ha perdido más del **96%** de su poder adquisitivo.	Reserva Federal, 2024
Población sin acceso a servicios bancarios	Más de **1,400 millones de personas** carecen de acceso a servicios financieros.	Banco Mundial, 2022
Capitalización de mercado de criptomonedas	Más de **$1.2 billones** en octubre de 2024.	CoinMarketCap, 2024
Usuarios globales de criptomonedas	**420 millones** de personas poseen criptomonedas.	Crypto.com, 2024
Uso de criptomonedas en economías en crisis	Más del **30%** de la población adulta en Turquía y Nigeria utiliza criptomonedas.	Statista, 2023
Ahorro en comisiones con remesas cripto	Reducción de hasta un **70%** en comisiones comparado con servicios tradicionales.	Datos sectoriales, 2023
Crecimiento de DeFi (2020-2024)	Valor total bloqueado (TVL) creció de $1 mil millones a más de **$45 mil millones**.	Datos de DeFi Pulse, 2024
Impacto de la IA en la banca	Reducción de costos operativos en un **22%** proyectada para 2025.	PwC, 2024
Tamaño del mercado de préstamos con IA	Plataformas como Upstart han gestionado más de **$20 mil millones** en préstamos.	Upstart, 2024
Proyectos de CBDCs en desarrollo	Más de **130 países** están explorando o desarrollando monedas digitales de bancos centrales.	FMI, 2024
Crecimiento de las plataformas DeFi	Uniswap y Aave manejan transacciones diarias en el orden de **miles de millones de dólares**.	DeFi Pulse, 2024
Ahorros por adopción de IA en finanzas	Potencial de generar más de **$1 billón** en valor agregado anual para 2030.	McKinsey, 2024
Inflación en países críticos (2024)	Argentina y Venezuela superan el **100%** anual en inflación.	Datos de inflación regional, 2024

CAPÍTULO 2: INTELIGENCIA ARTIFICIAL Y BLOCKCHAIN: LA ALIANZA DEL FUTURO

En un mundo donde la innovación avanza a velocidades nunca antes vistas, la combinación de inteligencia artificial (IA) y blockchain emerge como una sinergia revolucionaria con el potencial de redefinir no solo las finanzas, sino también la forma en que interactuamos con la tecnología. Estas dos fuerzas disruptivas, aunque inicialmente desarrolladas para propósitos distintos, están comenzando a converger para resolver problemas complejos, optimizar procesos y abrir nuevas fronteras de posibilidades.

A continuación, exploraremos cómo la IA está transformando la tecnología blockchain, desde la eficiencia en la validación de transacciones hasta la creación de ecosistemas más seguros y escalables, y cómo esta alianza está construyendo el camino hacia un futuro más transparente, descentralizado e inteligente.

La Naturaleza Complementaria de la IA y el Blockchain

La inteligencia artificial y el blockchain tienen características únicas que se complementan a la perfección. La IA es capaz de analizar y procesar grandes cantidades de datos en tiempo real, proporcionando insights predictivos y optimizando procesos. Por su parte, el blockchain es una tecnología distribuida que garantiza la transparencia y la inmutabilidad de la información.

Cuando estas dos tecnologías trabajan juntas, la IA puede alimentarse de los datos seguros y descentralizados del blockchain, mientras que este último se beneficia de las capacidades de aprendizaje y análisis de la IA. Esto resulta en soluciones innovadoras que no podrían lograrse con una de las dos tecnologías por sí sola.

Transformación de la Seguridad Blockchain mediante la IA

Uno de los mayores desafíos del blockchain es la seguridad. Aunque la tecnología en sí es robusta, los ataques externos, como el phishing, la manipulación de contratos inteligentes o los intentos de hackeo en exchanges, siguen siendo amenazas constantes.

Aquí es donde entra la IA. Los algoritmos de aprendizaje automático pueden monitorear las redes blockchain en tiempo real para detectar patrones anómalos que podrían indicar un ataque. Por ejemplo:

- Análisis de comportamiento: Los sistemas de IA pueden identificar actividades sospechosas en las billeteras digitales y los contratos inteligentes antes de que ocurra un ataque.

- Protección contra ataques de día cero: Al analizar datos históricos y patrones de ataque, la IA puede prever vulnerabilidades desconocidas y alertar a los desarrolladores.

- Automatización de auditorías de contratos inteligentes: Los contratos inteligentes son fundamentales en la tecnología blockchain, pero también pueden contener errores críticos. La IA puede escanear y evaluar estos contratos automáticamente, identificando fallos de seguridad.

Esta capacidad de reacción proactiva está haciendo que los ecosistemas blockchain sean mucho más seguros y confiables.

Eficiencia Operativa: IA y Validación de Transacciones

La validación de transacciones es el corazón del blockchain, pero también es uno de los procesos más costosos en términos de recursos, especialmente en redes como Bitcoin y Ethereum que dependen del proof-of-work (PoW).

La IA está ayudando a optimizar este proceso de las siguientes maneras:

1. Selección inteligente de nodos: Los algoritmos de IA pueden identificar qué nodos son los más eficientes para procesar transacciones, reduciendo el tiempo y los costos asociados.

2. Optimización del consumo energético: En blockchains que dependen de minería, la IA puede predecir y gestionar la demanda energética, ayudando a los mineros a ser más sostenibles.

3. Validación predictiva: Utilizando técnicas de aprendizaje automático, los sistemas pueden prever qué transacciones son legítimas, acelerando el proceso de confirmación sin comprometer la seguridad.

La implementación de estas mejoras no solo reduce los costos operativos, sino que también aumenta la escalabilidad de las redes blockchain, haciéndolas más accesibles para un uso masivo.

IA y Blockchain en la Toma de Decisiones Descentralizadas

El blockchain es conocido por su capacidad de descentralizar el poder, permitiendo que las decisiones se tomen a través de consensos entre múltiples participantes. Sin embargo, este proceso puede ser lento y no siempre garantiza la mejor solución.

La IA puede mejorar este sistema descentralizado de las siguientes formas:

- Análisis avanzado de datos para votaciones: En proyectos basados en blockchain, la IA puede analizar datos en tiempo real para proporcionar información detallada que ayude a los participantes a tomar decisiones informadas durante procesos de votación o gobernanza.

- Automatización de propuestas: Basándose en datos históricos y tendencias, la IA puede sugerir automáticamente propuestas viables para las comunidades descentralizadas, ahorrando tiempo y recursos.

- Optimización del consenso: Mediante algoritmos avanzados, la IA puede simular diferentes escenarios para encontrar las rutas más eficientes hacia un consenso.

Esto significa que las organizaciones autónomas descentralizadas (DAOs) y otras plataformas basadas en blockchain pueden operar de manera más ágil y efectiva.

Mejorando la Escalabilidad y el Almacenamiento en Blockchain

Uno de los desafíos más significativos para las redes blockchain es la escalabilidad. A medida que la cantidad de transacciones aumenta, también lo hace el tamaño de la cadena de bloques, lo que puede ralentizar el sistema y dificultar su uso.

Aquí, la IA aporta soluciones innovadoras:

1. Compresión inteligente de datos: Los algoritmos de IA pueden comprimir la información almacenada en la blockchain sin perder su integridad, reduciendo significativamente el espacio requerido.

2. Sharding más efectivo: El sharding, que divide la blockchain en fragmentos para procesar transacciones de forma paralela, puede ser optimizado por la IA, asegurando una distribución equilibrada de la carga de trabajo.

3. Predicción de congestión: Utilizando modelos predictivos, la IA puede anticipar periodos de alta actividad en la red y redistribuir los recursos para evitar cuellos de botella.

Estas mejoras no solo hacen que la tecnología blockchain sea más eficiente, sino que también allanan el camino para que sea adoptada en sectores con altas demandas de transacción, como los pagos globales y el comercio electrónico.

Privacidad Mejorada con la IA y Blockchain

En un mundo donde la privacidad es cada vez más valorada, la combinación de IA y blockchain está ofreciendo soluciones sin precedentes. Por ejemplo:

- Generación de datos sintéticos: La IA puede crear datos artificiales basados en patrones reales para ser utilizados en análisis, sin comprometer la privacidad de los usuarios.

- Modelos de privacidad diferencial: Los algoritmos de IA pueden procesar datos en blockchain de forma que se extraigan insights sin revelar información sensible.

- Protección de identidad: Las soluciones basadas en blockchain, como las identidades autosoberanas (SSI), pueden ser reforzadas con IA para prevenir suplantaciones y fraudes.

Este enfoque garantiza que los usuarios mantengan el control total sobre sus datos mientras disfrutan de los beneficios de un ecosistema más inteligente y conectado.

Nuevas Oportunidades de Negocio con IA y Blockchain

La intersección entre IA y blockchain está creando un terreno fértil para la innovación empresarial. Entre las oportunidades más destacadas se encuentran:

1. Plataformas de mercado autónomas: Usando blockchain para la transparencia y la IA para la personalización, los mercados pueden operar de manera autónoma, emparejando compradores y vendedores de forma más eficiente.

2. Tokenización inteligente: La IA puede determinar qué activos son más viables para tokenizar y cómo hacerlo de manera rentable, abriendo nuevas posibilidades para la inversión.

3. Redes de seguros automatizadas: Mediante contratos inteligentes en blockchain y análisis de riesgos con IA, las compañías de seguros pueden crear productos personalizados y automatizar el pago de reclamaciones.

Estas innovaciones están transformando sectores enteros, desde las finanzas hasta el entretenimiento y la salud.

El Futuro: Una Nueva Era de Transparencia e Inteligencia

La alianza entre la inteligencia artificial y el blockchain está apenas comenzando, pero su potencial ya es evidente. Juntas, estas tecnologías no solo están resolviendo problemas complejos, sino que también están empoderando a las personas y las empresas para operar en un mundo más transparente, eficiente y seguro.

En los próximos años, podemos esperar:

- Economías autónomas: Donde los sistemas basados en IA y blockchain operen sin intervención humana, desde el comercio hasta la gestión energética.

- Democracias digitales: Donde la gobernanza descentralizada sea más efectiva gracias a la IA y el blockchain.

- Un nuevo estándar de confianza: Con transacciones y procesos más confiables y auditablemente justos.

Este es el comienzo de una era en la que la tecnología no solo optimiza procesos, sino que también redefine las reglas del juego en la economía global.

La alianza entre la inteligencia artificial y la tecnología blockchain no es simplemente una tendencia; es una transformación profunda que está dando forma al futuro de las finanzas, la tecnología y la sociedad. Estas dos fuerzas, trabajando juntas, están superando barreras tradicionales y creando un mundo donde la descentralización y la inteligencia convergen.

Para emprendedores, inversores y visionarios, entender esta convergencia no es opcional: es esencial. Aquellos que logren aprovechar estas tecnologías serán los arquitectos de un futuro más inteligente y equitativo. Si este es el inicio de la revolución, ahora es el momento de participar activamente en ella.

Casos Prácticos: Smart Contracts Más Eficientes, Análisis de Datos Financieros y Seguridad

La combinación de blockchain e inteligencia artificial (IA) no solo representa un avance teórico; su impacto ya es tangible en casos prácticos que están transformando industrias. Desde contratos inteligentes más rápidos y eficaces hasta análisis financiero avanzado y mejoras en seguridad, esta integración está resolviendo problemas reales y generando oportunidades de negocio nunca antes vistas.

En este capítulo, exploraremos casos concretos que demuestran cómo estas tecnologías están creando un impacto significativo. Veremos cifras, ejemplos reales y escenarios futuros que destacan el potencial de esta sinergia.

1. Smart Contracts Más Eficientes: El Nuevo Paradigma de los Negocios

Los contratos inteligentes son programas autoejecutables que funcionan en redes blockchain. A pesar de su potencial, enfrentan desafíos como ineficiencias, errores en el código y falta de flexibilidad. La IA ha revolucionado estos aspectos, haciendo que los contratos inteligentes sean más eficientes, seguros y adaptativos.

Ejemplo 1: Optimización en Seguros Automatizados

El sector asegurador ha adoptado contratos inteligentes para automatizar procesos. Un ejemplo clave es Etherisc, una plataforma basada en blockchain que utiliza contratos inteligentes para ofrecer seguros de vuelo.

1. El problema: Antes, los procesos de reclamación eran tediosos, requerían papeleo extenso y podían tardar semanas en resolverse.

2. La solución: Los contratos inteligentes de Etherisc, combinados con IA, procesan automáticamente los datos de vuelos en tiempo real. Si un vuelo se retrasa o cancela, el contrato verifica la información, calcula el monto del reembolso y lo transfiere al cliente sin intervención humana.

Impacto Real:

- Reducción del 90% en los tiempos de procesamiento de reclamaciones.

- Ahorro de millones de dólares anuales en costos operativos.

- Mejor experiencia del cliente, lo que mejora la retención.

Cifras Clave:

Según un informe de PwC, el uso de contratos inteligentes podría reducir los costos administrativos en el sector asegurador en un 20-30% para 2030, liberando hasta $10 mil millones anuales.

Ejemplo 2: Comercio Internacional con Contratos Inteligentes

En el comercio internacional, los contratos inteligentes están siendo utilizados para agilizar pagos y reducir riesgos. Por ejemplo, la colaboración entre Maersk e IBM en su plataforma TradeLens usa blockchain y contratos inteligentes para optimizar el transporte marítimo.

1. Antes de la implementación: Los pagos entre compradores y vendedores tardaban semanas debido a la necesidad de verificación manual y la intervención de múltiples intermediarios.

2. Después de la implementación: La IA integrada en los contratos inteligentes analiza documentos de transporte y confirma que las condiciones acordadas se han cumplido. El pago se libera automáticamente en cuestión de horas.

Resultados:

- Reducción del 40% en los tiempos de procesamiento de pagos.

- Costos operativos significativamente menores al eliminar intermediarios.

- Mayor confianza entre las partes al garantizar la ejecución automática de los términos.

2. Análisis de Datos Financieros: Decisiones Más Inteligentes y Rápidas

El análisis financiero basado en blockchain e IA está cambiando la forma en que se toman decisiones estratégicas. Con acceso a datos descentralizados, seguros y procesados en tiempo real, las empresas pueden identificar patrones, prever riesgos y encontrar oportunidades con una precisión sin precedentes.

Ejemplo 1: Predicción de Riesgos Crediticios

Empresas como Zest AI han combinado la IA con datos blockchain para analizar el riesgo crediticio de clientes en sectores no bancarizados.

1. Desafío tradicional: Evaluar el riesgo crediticio de personas sin historial bancario o con poca información financiera era casi imposible.

2. Solución con IA y blockchain:

   - Se utilizan datos alternativos, como pagos de servicios públicos, transacciones en blockchain y redes sociales.

   - La IA analiza estos datos descentralizados para calcular un puntaje crediticio más inclusivo y preciso.

Resultados:

- Aumento del 30% en la precisión de los modelos de riesgo.

- Inclusión de más de 500 millones de personas sin acceso a servicios financieros tradicionales en el mercado crediticio global, según datos del Banco Mundial.

Ejemplo 2: Optimización del Trading de Criptomonedas

El mercado de criptomonedas es notoriamente volátil. Plataformas como SingularityDAO han desarrollado herramientas impulsadas por IA para analizar datos financieros en tiempo real desde blockchain y realizar operaciones automatizadas.

1. Cómo funciona:

   - Los algoritmos de IA identifican patrones de mercado, predicen movimientos de precios y ejecutan operaciones de forma autónoma.

   - Toda la actividad es rastreable en blockchain, garantizando transparencia.

Resultados:

- Aumento del 15-20% en la rentabilidad de los traders que usan estas herramientas.

- Reducción de riesgos mediante operaciones basadas en datos, no en emociones humanas.

Cifras Clave:

Según Statista, el volumen de trading de criptomonedas alcanzó los $7.6 billones en 2022, y se espera que las herramientas basadas en IA y blockchain capten una porción significativa de este mercado.

3. Seguridad: Protección Contra Amenazas Modernas

La seguridad sigue siendo una de las preocupaciones más importantes en el uso de blockchain. A pesar de su robustez inherente, las amenazas externas, como hackeos y vulnerabilidades en contratos inteligentes, siguen siendo un riesgo. Aquí es donde la IA está marcando una gran diferencia.

Ejemplo 1: Prevención de Fraude en Transacciones Blockchain

Empresas como Chainalysis están utilizando IA para analizar millones de transacciones en blockchain, buscando patrones que puedan indicar actividad fraudulenta.

1. Problema: Las transacciones ilícitas, como el lavado de dinero, a menudo se ocultan en grandes volúmenes de datos.

2. Solución: La IA identifica anomalías en tiempo real, como transferencias inusuales o direcciones sospechosas asociadas con actividades ilícitas.

Impacto:

- Reducción del fraude en un 30% entre 2020 y 2023 en exchanges que usan herramientas de análisis basadas en IA, según un informe de Elliptic.

- Mayor confianza en las plataformas de criptomonedas reguladas.

Ejemplo 2: Seguridad en Contratos Inteligentes

Proyectos como OpenZeppelin están utilizando IA para auditar contratos inteligentes antes de que se implementen.

1. El problema: Los errores en contratos inteligentes han llevado a pérdidas multimillonarias. Por ejemplo, el hackeo de The DAO en 2016 resultó en la pérdida de $60 millones en Ether debido a un fallo en el código.

2. La solución:

   - Algoritmos de IA escanean el código en busca de vulnerabilidades, verifican su lógica y sugieren correcciones.

   - También se utilizan sistemas de simulación para probar el comportamiento del contrato en escenarios hipotéticos.

Resultados:

- Reducción del 80% en vulnerabilidades detectadas tras las auditorías iniciales.

- Implementación más rápida y segura de contratos en proyectos blockchain.

Impacto Económico Global de la IA y Blockchain

El impacto combinado de la IA y blockchain es evidente en estas aplicaciones, pero ¿qué significan estas transformaciones en términos económicos?

1. Ahorros Operativos: Según McKinsey, las soluciones basadas en blockchain e IA podrían generar ahorros globales de hasta $150 mil millones anuales en sectores como logística, finanzas y salud para 2030.

2. Incremento en la Eficiencia: El uso de contratos inteligentes y análisis avanzado puede aumentar la eficiencia operativa de las empresas hasta en un 45%, reduciendo costos y tiempos.

3. Nuevas Oportunidades de Negocio:

- La tokenización de activos mediante contratos inteligentes impulsados por IA podría generar un mercado de $16 billones para 2030, según World Economic Forum.

Visión Hacia el Futuro: Casos Emergentes

La alianza entre la IA y blockchain apenas comienza. En los próximos años, veremos aplicaciones aún más avanzadas, como:

1. Gobernanza Descentralizada Inteligente: DAOs que utilizan IA para optimizar procesos de votación y sugerir políticas basadas en datos.

2. Pagos Autónomos: Sistemas de pago blockchain que ajustan tarifas en tiempo real según la demanda, utilizando IA para equilibrar la red.

3. Interoperabilidad Global: Redes blockchain interconectadas que utilizan IA para traducir datos y protocolos entre cadenas, fomentando la adopción masiva.

Estos casos prácticos demuestran que la combinación de blockchain e inteligencia artificial no es simplemente una promesa futura, sino una realidad que está cambiando industrias hoy en día. Desde contratos inteligentes más eficientes hasta análisis financiero avanzado y mayor seguridad, estas tecnologías están resolviendo problemas reales, generando ahorros y mejorando la confianza en sistemas críticos.

CAPÍTULO 3: CRIPTOMERCADOS INTELIGENTES: ALGORITMOS, TRADING Y PREDICCIÓN DE TENDENCIAS

En un mundo donde la volatilidad y la innovación tecnológica son la norma, los criptomercados se han convertido en el escenario perfecto para el despliegue de tecnologías avanzadas como la inteligencia artificial (IA). Este capítulo explorará cómo la IA está transformando el trading de criptomonedas, desde la implementación de algoritmos avanzados hasta la capacidad de predecir tendencias y minimizar riesgos.

La Nueva Era del Trading Automatizado

El trading en criptomonedas ha recorrido un largo camino desde los días en que los traders realizaban operaciones manuales, observando gráficos y tomando decisiones basadas en intuición o análisis técnico básico. Hoy en día, algoritmos impulsados por IA están redefiniendo el panorama, llevando la automatización a niveles sin precedentes.

¿Qué es el trading algorítmico?

El trading algorítmico utiliza conjuntos de instrucciones preprogramadas para realizar operaciones en los mercados. Estas instrucciones, conocidas como algoritmos, toman decisiones basadas en variables como precio, volumen, tiempo y otros indicadores técnicos. Cuando se combina con la IA, el trading algorítmico se convierte en una herramienta más poderosa, ya que las máquinas no solo ejecutan operaciones automáticamente, sino que también aprenden y mejoran con el tiempo.

Por ejemplo, un bot de trading basado en IA puede analizar millones de datos históricos y en tiempo real, identificar patrones que serían invisibles para el ojo humano y realizar operaciones con precisión milimétrica. Además, la velocidad de ejecución de estos algoritmos supera cualquier capacidad humana, lo que resulta en una ventaja crítica en mercados volátiles como los de criptomonedas.

Inteligencia Artificial: La Espina Dorsal del Trading Moderno

La inteligencia artificial ha revolucionado la forma en que los traders abordan el mercado, abordando dos áreas clave:

1. Análisis de Datos a Gran Escala:

Los criptomercados generan enormes cantidades de datos todos los días. Desde precios y volúmenes de transacciones hasta noticias y publicaciones en redes sociales, cada fragmento de información puede influir en los movimientos del mercado. La IA puede procesar estos datos a velocidades inigualables, proporcionando a los traders información más completa y precisa.

Por ejemplo, los algoritmos de procesamiento de lenguaje natural (NLP, por sus siglas en inglés) pueden analizar el sentimiento en torno a una criptomoneda en redes sociales como Twitter o foros como Reddit. Si hay un aumento repentino en menciones positivas sobre Bitcoin, un sistema basado en IA podría identificar esta tendencia y recomendar una operación de compra antes de que el mercado reaccione masivamente.

2. Predicción de Tendencias:

La predicción de tendencias es uno de los mayores desafíos en cualquier mercado financiero. Sin embargo, gracias a tecnologías como el aprendizaje automático (machine learning), los sistemas de IA pueden identificar patrones ocultos y proyectar movimientos futuros con mayor precisión.

Imagina un bot de trading que analiza patrones de velas japonesas, combinándolos con datos de volúmenes históricos y el impacto de eventos globales, como cambios en las políticas regulatorias o decisiones de grandes corporaciones. Este bot podría anticipar una caída o un aumento en el precio de Ethereum antes de que los traders tradicionales siquiera lo consideren.

Los Bots de Trading: Aliados Silenciosos

Los bots de trading, impulsados por IA, son una herramienta cada vez más popular entre traders novatos y experimentados. Empresas como 3Commas, Cryptohopper y HaasOnline ofrecen plataformas donde los usuarios pueden configurar bots para ejecutar estrategias predefinidas o personalizarlas según sus necesidades.

Ventajas de los bots de trading:

- Operaciones 24/7: Los criptomercados nunca duermen, y los bots pueden monitorear y operar sin descanso.

- Eliminación del Factor Emocional: Las emociones, como el miedo o la codicia, pueden llevar a malas decisiones en trading. Los bots actúan únicamente en base a datos.

- Velocidad: En un mercado donde los precios pueden cambiar en milisegundos, los bots tienen una ventaja significativa en términos de velocidad de ejecución.

Limitaciones y Riesgos:

Aunque los bots pueden ser herramientas poderosas, no están exentos de riesgos. Los algoritmos solo son tan buenos como los datos y las estrategias en los que se basan. Además, los mercados pueden ser impredecibles, y ningún sistema puede garantizar un éxito absoluto.

Deep Learning: Llevando la Predicción al Siguiente Nivel

El deep learning, una rama del aprendizaje automático que utiliza redes neuronales profundas, está llevando la predicción de tendencias a un nuevo nivel. Estas redes pueden analizar datos complejos y no estructurados, como imágenes, videos y datos de texto, y aprender de ellos de una manera similar al cerebro humano.

Por ejemplo, los sistemas de deep learning pueden identificar correlaciones entre eventos aparentemente no relacionados, como un tuit de un influyente en el mundo de las criptomonedas y un cambio en el precio de un token específico.

El Papel del Big Data en los Criptomercados Inteligentes

La IA necesita datos para aprender y mejorar, y en los criptomercados, el suministro de datos es prácticamente ilimitado. El big data proporciona la materia prima que los algoritmos de IA procesan para generar conocimientos accionables.

Fuentes de datos en criptomercados:

- Datos del Mercado: Precios, volúmenes, y patrones históricos.

- Medios Sociales: Sentimiento y tendencias en plataformas como Twitter y Reddit.

- Noticias: Eventos globales, anuncios regulatorios y movimientos corporativos.

- Datos en la Cadena de Bloques: Actividad en la blockchain, como transferencias de grandes cantidades de criptomonedas o patrones inusuales en las transacciones.

IA y Gestión de Riesgos

En un mercado tan volátil como el de las criptomonedas, la gestión de riesgos es fundamental. La IA está desempeñando un papel crucial al ayudar a los traders a minimizar pérdidas y maximizar ganancias.

Estrategias de gestión de riesgos basadas en IA:

- Stop-Loss Inteligentes: Los algoritmos pueden ajustar automáticamente los niveles de stop-loss en función de la volatilidad del mercado, protegiendo a los traders de caídas abruptas.

- Diversificación Óptima: La IA puede sugerir una cartera equilibrada, distribuyendo el riesgo entre diferentes activos.

- Alertas Tempranas: Los sistemas de IA pueden identificar señales tempranas de posibles caídas o aumentos, permitiendo a los traders tomar decisiones informadas.

Ética y Regulación en el Uso de IA

Con grandes poderes vienen grandes responsabilidades, y el uso de IA en los criptomercados no es una excepción. A medida que estas tecnologías se vuelven más sofisticadas, surgen preguntas éticas sobre su impacto en el mercado.

Algunas preocupaciones clave:

- Desigualdad en el Acceso: ¿Se convertirá la IA en una herramienta exclusiva para grandes instituciones, dejando a los pequeños traders en desventaja?

- Manipulación del Mercado: ¿Podrían los algoritmos ser utilizados para manipular precios y crear falsos movimientos en el mercado?

- Regulación: ¿Cómo deberían los reguladores abordar el uso de IA para garantizar la transparencia y la equidad en los mercados?

El Futuro del Trading en Criptomercados

El papel de la IA en el trading de criptomonedas está lejos de alcanzar su punto máximo. Con avances en tecnologías como la computación cuántica, los algoritmos de trading podrían volverse aún más rápidos y precisos.

Tendencias emergentes:

- Trading Cuántico: Combinando la IA con la computación cuántica para resolver problemas complejos en tiempo récord.

- IA Generativa: Algoritmos que no solo predicen tendencias, sino que también generan nuevas estrategias de trading basadas en simulaciones avanzadas.

- Personalización Extrema: Bots que se adaptan completamente a las preferencias individuales de cada trader, aprendiendo y mejorando constantemente.

La inteligencia artificial está revolucionando el mundo del trading de criptomonedas, ofreciendo a los traders herramientas poderosas para navegar en un mercado complejo y volátil. Sin embargo, como toda tecnología, su efectividad depende de cómo se utilice. Aquellos que inviertan tiempo en comprender y aprovechar estas herramientas estarán mejor posicionados para prosperar en esta nueva era de criptomercados inteligentes.

Mientras lees este capítulo, la IA ya está moldeando el futuro del trading. La pregunta no es si deberías adoptarla, sino cómo puedes integrarla en tu estrategia para aprovechar al máximo sus capacidades y convertirte en un líder en este dinámico mercado.

Bots Automatizados, Estrategias Algorítmicas y el Análisis Predictivo: Dominando el Arte del Trading Automatizado

El trading automatizado, impulsado por bots y estrategias algorítmicas, está revolucionando el panorama financiero y criptográfico. Estos sistemas no solo ejecutan operaciones, sino que también analizan datos, detectan patrones y predicen tendencias futuras con una precisión sorprendente. Este capítulo profundiza en cómo funcionan los bots automatizados, qué estrategias algorítmicas utilizan y cómo el análisis predictivo está cambiando las reglas del juego, todo ello respaldado con ejemplos prácticos y cifras impactantes.

La Base de los Bots Automatizados

Un bot de trading es un software diseñado para interactuar con los mercados financieros, ejecutando operaciones basadas en parámetros predefinidos. Lo que distingue a los bots modernos es su capacidad para integrar inteligencia artificial y aprendizaje automático, lo que los convierte en herramientas dinámicas que aprenden y mejoran continuamente.

Cómo Funciona un Bot Automatizado

1. Recopilación de Datos: El bot monitorea fuentes como precios, volúmenes, indicadores técnicos y eventos noticiosos.

2. Análisis: Con algoritmos avanzados, el bot analiza las condiciones del mercado en tiempo real.

3. Toma de Decisiones: Basándose en estrategias preprogramadas o aprendidas, decide si comprar, vender o mantenerse inactivo.

4. Ejecución de Operaciones: Ejecuta órdenes con una velocidad y precisión que superan las capacidades humanas.

Un ejemplo destacado es Binance Trade Bot, un bot que permite a los traders configurar estrategias personalizadas. En 2023, se informó que usuarios de Binance que emplearon bots automatizados vieron un aumento del 25% en la eficiencia de sus operaciones en comparación con los traders manuales.

Estrategias Algorítmicas: El Corazón del Trading Automatizado

Las estrategias algorítmicas son las reglas que guían el comportamiento de un bot. Estas estrategias varían desde las más simples, como comprar cuando un activo alcanza un precio bajo predefinido, hasta las más complejas, que utilizan inteligencia artificial para analizar datos masivos.

1. Estrategias de Seguimiento de Tendencias

Estas estrategias identifican tendencias de precios y ejecutan operaciones en la misma dirección. Por ejemplo:

- Si el precio de Bitcoin muestra un aumento constante, el bot abrirá una posición larga (compra).

- Según un estudio de CryptoQuant, los bots que utilizaron esta estrategia generaron un retorno promedio del 18% mensual durante períodos de alta volatilidad en 2022.

2. Estrategias de Arbitraje

El arbitraje explota las diferencias de precios entre distintas plataformas.

- Supongamos que Bitcoin tiene un precio de $30,000 en Binance y $30,050 en Coinbase. Un bot de arbitraje compra en Binance y vende en Coinbase, obteniendo una ganancia instantánea.

- En 2023, el arbitraje representó el 12% de todas las operaciones automatizadas en criptomercados, según datos de CoinGecko.

3. Market Making (Creación de Mercado)

El bot coloca órdenes de compra y venta en ambos lados del libro de órdenes para ganar con el spread (diferencia entre el precio de compra y venta).

- En mercados con alta liquidez como Ethereum, los bots de market making pueden generar retornos constantes del 0.1% al 0.5% por operación.

- Plataformas como KuCoin han informado que bots configurados para market making contribuyen al 40% de su volumen total de transacciones.

4. Estrategias Basadas en Indicadores Técnicos

Los bots analizan indicadores como RSI (Índice de Fuerza Relativa), medias móviles y MACD (Media Móvil de Convergencia/Divergencia) para tomar decisiones.

- Por ejemplo, si el RSI indica que Bitcoin está sobrevendido, el bot ejecutará una compra anticipando un rebote.

- Según TradingView, estas estrategias, cuando se combinan con IA, aumentaron la precisión en las predicciones en un 32% en 2023.

Análisis Predictivo: Anticipándose al Futuro

El análisis predictivo utiliza datos históricos y en tiempo real para proyectar movimientos futuros en el mercado. Con herramientas como aprendizaje automático y redes neuronales, los traders automatizados están llevando el análisis predictivo a nuevas alturas.

1. Predicción Basada en Redes Neuronales

Las redes neuronales profundas son capaces de identificar patrones complejos que los humanos no pueden detectar.

- Por ejemplo, una red neuronal puede analizar miles de eventos pasados, correlacionándolos con movimientos de precios para predecir el impacto de un evento similar en el futuro.

- Un caso notable es SentimentTrader, un bot que analiza millones de tuits sobre criptomonedas. En 2023, logró una precisión del 78% al predecir movimientos de precios basados en el sentimiento del mercado.

2. Modelos de Aprendizaje Supervisado

Estos modelos se entrenan con datos etiquetados para predecir resultados específicos.

- Un bot podría predecir si el precio de Ethereum subirá o bajará en las próximas 24 horas basándose en patrones históricos.

- Según un informe de Deloitte, el uso de aprendizaje supervisado en criptomercados resultó en un aumento del 20% en los retornos promedio para traders institucionales en 2022.

3. Modelos de Aprendizaje No Supervisado

A diferencia del aprendizaje supervisado, estos modelos identifican patrones ocultos sin necesidad de datos etiquetados.

- Por ejemplo, un bot podría descubrir una correlación entre el volumen de transacciones en Ethereum y el comportamiento del precio de un token relacionado, como Uniswap.

- Plataformas como Chainalysis han utilizado este enfoque para detectar movimientos inusuales y posibles manipulaciones del mercado.

Casos de Éxito: Bots Automatizados en Acción

1. Caso 1: Bitfinex y el Bot "Grid Trading"

En 2023, un trader novato configuró un bot de Grid Trading en Bitfinex para Ethereum. La estrategia consistía en comprar y vender automáticamente en niveles predefinidos.

- Capital inicial: $10,000.

- Ganancia en 6 meses: $3,500 (+35%), superando ampliamente la rentabilidad promedio del mercado durante ese período (15%).

2. Caso 2: Bots de Market Making en Binance

Un estudio realizado por Binance Labs mostró que los bots de market making aumentaron la liquidez de tokens nuevos en un 40% durante sus primeras semanas en el mercado.

- En el caso de un token lanzado en abril de 2023, los bots permitieron reducir el spread promedio de 1.5% a 0.4%, mejorando significativamente la experiencia de los traders.

3. Caso 3: Predicción de Tendencias con IA en Coinbase

En Coinbase, un grupo de traders institucionales utilizó análisis predictivo basado en IA para operar con Bitcoin durante un período de alta volatilidad en mayo de 2023.

- Precisión de predicción: 82%.

- Retorno acumulado: 48% en 3 meses.

Desafíos y Riesgos del Trading Automatizado

Aunque los bots automatizados ofrecen ventajas significativas, no están exentos de riesgos:

1. Dependencia de Datos de Calidad:

Los bots necesitan datos precisos y en tiempo real para tomar decisiones. Si los datos son incorrectos o están retrasados, las operaciones pueden ser desastrosas.

2. Riesgo de Sobrefitting:

Algunos algoritmos están tan optimizados para datos históricos que fallan en condiciones nuevas o inesperadas.

3. Eventos No Predecibles:

Factores como decisiones regulatorias inesperadas o hackeos masivos (como el de Mt. Gox en 2014) pueden desestabilizar cualquier estrategia.

4. Ataques a Bots:

En 2023, se reportaron varios casos de bots de trading hackeados, lo que resultó en pérdidas significativas para los usuarios.

Herramientas y Plataformas Populares para Bots Automatizados

1. Cryptohopper:

- Característica destacada: Fácil de usar para principiantes y altamente personalizable para expertos.

- Costo: Desde $19/mes.

- Usuarios reportaron un aumento promedio del 15% en la rentabilidad mensual al usar Cryptohopper en 2023.

2. 3Commas:

- Característica destacada: Integración con múltiples exchanges y estrategias predefinidas.

- Costo: Desde $29/mes.

- En 2023, los usuarios con suscripción Pro informaron un ROI promedio del 22%.

3. Shrimpy:

- Característica destacada: Especializado en estrategias de reequilibrio automático de carteras.

- Costo: Desde $15/mes.

- Ideal para traders que buscan maximizar rendimientos a largo plazo.

El Futuro del Trading Automatizado

El trading automatizado continuará evolucionando, con avances en computación cuántica, inteligencia artificial generativa y análisis de

big data.

1. Integración de IA Generativa:

Bots que no solo analicen datos, sino que también generen estrategias innovadoras basadas en condiciones cambiantes del mercado.

2. Trading Cuántico:

Utilizar computadoras cuánticas para resolver problemas complejos en milisegundos, mejorando drásticamente la velocidad y precisión de las predicciones.

3. Mayor Accesibilidad:

Plataformas simplificadas permitirán a pequeños inversionistas utilizar herramientas avanzadas que antes estaban reservadas para instituciones.

Los bots automatizados, las estrategias algorítmicas y el análisis predictivo no son solo herramientas; son la columna vertebral de un mercado financiero en constante cambio. Con cifras que respaldan su efectividad y casos de éxito que demuestran su potencial, es claro que el futuro del trading pertenece a quienes sepan dominar estas tecnologías. Sin embargo, también es crucial mantenerse informado sobre sus riesgos y desafíos para operar con éxito en este dinámico entorno.

Aspecto	Descripción	Cifras/Resultados	Ejemplos/Plataformas
Uso de Bots Automatizados	Software que ejecuta operaciones basadas en parámetros predefinidos o aprendizaje automático.	Aumento del 25% en eficiencia operativa en Binance (2023).	Binance Trade Bot, Cryptohopper, 3Commas.
Estrategias Algorítmicas	Reglas preprogramadas que guían el comportamiento del bot.	Rentabilidad promedio del 18% con estrategias de tendencia en 2022.	Estrategias: Seguimiento de tendencias, arbitraje, market making.
Análisis Predictivo	Uso de datos históricos y aprendizaje automático para proyectar movimientos futuros.	Modelos de IA alcanzaron precisión del 78% en predicción de precios (2023).	SentimentTrader, Chainalysis.
Arbitraje	Explotar diferencias de precios entre plataformas para obtener ganancias.	Representó el 12% de todas las operaciones automatizadas en 2023.	Compra en Binance y venta en Coinbase.
Market Making	Colocar órdenes de compra y venta en ambos lados del mercado para ganar con el spread.	Generación de retornos del 0.1% al 0.5% por operación en mercados líquidos como Ethereum.	Bots en KuCoin: Mejoraron la liquidez en 40%.
Predicción con Redes Neuronales	Identificación de patrones complejos y correlaciones ocultas en los datos.	SentimentTrader alcanzó precisión del 78% basándose en análisis de sentimiento (2023).	SentimentTrader.
Modelos Supervisados	Predicción de movimientos específicos en precios basándose en datos etiquetados.	Aumento del 20% en retornos para traders institucionales (2022).	Deloitte.
Modelos No Supervisados	Identificación de patrones ocultos en datos sin etiquetar.	Usados por Chainalysis para detectar manipulaciones de mercado.	Chainalysis.
Casos de Éxito	Ejemplos de traders que utilizaron bots y estrategias automatizadas con éxito.	Grid Trading en Bitfinex: Ganancia del 35% en 6 meses.	Grid Trading en Bitfinex, Market Making en Binance.
Riesgos	Factores que pueden afectar el desempeño de bots y estrategias automatizadas.	Hackeos y eventos inesperados como cambios regulatorios.	Ejemplo: Hackeos en 2023.

Plataformas Principales	Herramientas líderes para implementar bots automatizados.	Usuarios de Cryptohopper reportaron un 15% de mejora en rentabilidad mensual (2023).	Cryptohopper, 3Commas, Shrimpy.
Futuro del Trading	Integración de IA generativa, computación cuántica y accesibilidad mejorada para pequeños inversores.	Avances esperados en precisión y velocidad de predicciones.	Innovación esperada en plataformas actuales.

CAPÍTULO 4: MÁS ALLÁ DEL DINERO: APLICACIONES DE BLOCKCHAIN E IA EN LA ECONOMÍA REAL

Cuando pensamos en blockchain e inteligencia artificial (IA), es fácil asociarlos exclusivamente con el ámbito financiero. Después de todo, términos como Bitcoin, criptomonedas y contratos inteligentes han dominado los titulares. Pero estas tecnologías tienen un alcance mucho mayor, con un potencial revolucionario en áreas tan diversas como la logística, la identidad digital, la gobernanza, y más. Este capítulo explora cómo blockchain e IA están cruzando fronteras, transformando industrias y redefiniendo lo que es posible en la economía real.

1. Logística: Rastreando el Mundo en Tiempo Real

La logística, la columna vertebral del comercio global, enfrenta desafíos constantes: cadenas de suministro opacas, fraudes, ineficiencias y altos costos administrativos. Aquí es donde blockchain y IA brillan como soluciones disruptivas.

Blockchain en acción: Imagina un contenedor de mercancías viajando desde Shanghái a Rotterdam. Con un sistema basado en blockchain, cada paso del viaje queda registrado en un libro mayor inmutable: el puerto de salida, el transporte marítimo, la llegada al puerto europeo, y finalmente, el transporte terrestre. Esto asegura transparencia total, reduce disputas entre partes, y evita fraudes. Empresas como Maersk y IBM ya están utilizando TradeLens, una plataforma blockchain, para revolucionar el seguimiento de envíos.

IA potenciando la logística: Ahora, añade inteligencia artificial al sistema. Los algoritmos analizan patrones históricos, predicen retrasos debido a condiciones climáticas o problemas portuarios, y sugieren rutas alternativas en tiempo real. Además, la IA optimiza el uso de espacio en contenedores, ahorrando millones de dólares en costos operativos.

El resultado: una logística más rápida, eficiente y segura. En un mundo donde el tiempo es dinero, estas tecnologías están empoderando a las empresas para operar con precisión quirúrgica.

2. Identidad Digital: Protección y Empoderamiento

La identidad digital es un problema crítico en la era digital. Desde fraudes de identidad hasta el robo de datos personales, los sistemas actuales tienen fallas evidentes. Blockchain e IA están construyendo un futuro donde las personas tienen el control total sobre su identidad.

Blockchain para identidades soberanas: Con esta tecnología, cada individuo puede tener una identidad digital única, almacenada de manera segura en una cadena de bloques. Por ejemplo, en lugar de depender de contraseñas y preguntas de seguridad, una persona puede usar su identidad blockchain para iniciar sesión en plataformas, acceder a servicios gubernamentales o realizar transacciones financieras. Además, los datos permanecen bajo control del usuario, reduciendo riesgos de violaciones masivas de datos.

IA para detectar y prevenir fraudes: Por su parte, la inteligencia artificial está perfeccionando la capacidad de detectar anomalías en tiempo real. ¿Alguien está intentando usar tu identidad en un lugar donde nunca has estado? Un sistema impulsado por IA puede bloquear la acción antes de que se complete.

Casos como el de ID2020, una alianza global que utiliza blockchain para proporcionar identidades digitales a comunidades marginadas, demuestran cómo estas tecnologías pueden empoderar tanto a individuos como a organizaciones.

3. Gobernanza: Democracia en la Cadena de Bloques

La gobernanza es otra área donde blockchain e IA están marcando la diferencia, fomentando la transparencia y la inclusión.

Votaciones transparentes con blockchain: Una de las aplicaciones más prometedoras es la votación electrónica. En sistemas tradicionales, los votantes desconfían de los resultados debido a riesgos de manipulación. Con blockchain, cada voto es un "bloque" único que no puede ser alterado ni eliminado, lo que garantiza elecciones transparentes y auditable. Estonia, pionera en tecnología digital, ha utilizado blockchain para transformar su sistema electoral.

IA mejorando la toma de decisiones: Además, los gobiernos están usando inteligencia artificial para analizar grandes volúmenes de datos y tomar decisiones más informadas. Por ejemplo, ciudades inteligentes utilizan algoritmos para gestionar el tráfico, optimizar el consumo energético y responder rápidamente a emergencias.

El matrimonio entre blockchain e IA no solo hace que los procesos sean más eficientes, sino también más justos y participativos.

4. Salud: Más Allá del Diagnóstico

El sector de la salud, con su vasto volumen de datos sensibles y su necesidad de precisión, es terreno fértil para estas tecnologías.

Blockchain en la gestión de historiales médicos: Uno de los mayores desafíos en salud es la fragmentación de los datos médicos. Los historiales suelen estar dispersos entre hospitales, clínicas y laboratorios. Con blockchain, los pacientes pueden tener un registro único y accesible globalmente, compartiéndolo solo con quienes ellos elijan. Esto no solo mejora la atención médica, sino que también protege la privacidad del paciente.

IA para diagnósticos precisos: Al mismo tiempo, la IA está revolucionando los diagnósticos. Algoritmos entrenados con millones de imágenes médicas pueden detectar enfermedades como el cáncer con mayor precisión que los humanos. Y con blockchain, los datos usados para entrenar estos algoritmos pueden ser anonimizados y protegidos, asegurando que los avances no comprometan la privacidad.

El impacto combinado: una atención más rápida, precisa y centrada en el paciente.

5. Energía: Decentralizando el Poder

La industria energética está experimentando una revolución gracias a blockchain e IA, que están ayudando a descentralizar el control y optimizar la producción.

Blockchain para redes de energía descentralizadas: En lugar de depender de grandes compañías energéticas, blockchain permite la creación de microredes. En estas redes, los hogares con paneles solares pueden vender el excedente de energía directamente a sus vecinos sin intermediarios. Esto reduce costos, fomenta la sostenibilidad y empodera a las comunidades locales.

IA optimizando el consumo energético: Mientras tanto, la IA está transformando cómo usamos la energía. Termostatos inteligentes, por ejemplo, analizan patrones de uso para optimizar el consumo en tiempo real. Los algoritmos también predicen la demanda energética y ajustan la producción para evitar desperdicios.

Proyectos como Power Ledger en Australia están demostrando cómo estas tecnologías están liderando la transición hacia un futuro más verde y eficiente.

6. Arte y Entretenimiento: Nuevas Fronteras Creativas

Incluso el mundo del arte y el entretenimiento está siendo transformado.

NFTs: Un nuevo mercado para los creadores: Los tokens no fungibles (NFTs) han abierto nuevas oportunidades para artistas, músicos y cineastas. Usando blockchain, pueden vender obras digitales únicas directamente a su audiencia, eliminando intermediarios y obteniendo ingresos justos. Además, los contratos inteligentes aseguran que los creadores reciban regalías cada vez que su obra sea revendida.

IA para potenciar la creatividad: Mientras tanto, la IA está ampliando las posibilidades creativas. Desde algoritmos que generan música personalizada hasta herramientas que ayudan a diseñar personajes en videojuegos, la inteligencia artificial está redefiniendo cómo se produce y consume el arte.

La fusión de estas tecnologías no solo está empoderando a los creadores, sino también redefiniendo cómo interactuamos con la cultura.

7. Educación: Democratizando el Conocimiento

La educación es otro ámbito donde blockchain e IA están dejando una marca profunda.

Certificaciones verificables con blockchain: Con esta tecnología, las instituciones educativas pueden emitir diplomas y certificados que son imposibles de falsificar. Esto no solo reduce el fraude, sino que también facilita el proceso de verificación para empleadores y otras instituciones.

IA como tutor personalizado: Los sistemas de inteligencia artificial están diseñando experiencias de aprendizaje a medida. Analizando el progreso de un estudiante, pueden identificar áreas de mejora, sugerir recursos específicos y adaptar los métodos de enseñanza a su estilo de aprendizaje.

La combinación de estas tecnologías está democratizando el acceso a la educación y haciendo que el aprendizaje sea más efectivo y accesible para todos.

El Futuro Está Aquí

Aunque blockchain e IA comenzaron como tecnologías disruptivas en el sector financiero, está claro que su impacto va mucho más allá del dinero. Desde mejorar la logística global hasta empoderar a individuos con identidades digitales seguras, estas herramientas están remodelando nuestra economía real.

Lo emocionante es que apenas estamos arañando la superficie. A medida que estas tecnologías sigan evolucionando y convergiendo, veremos aplicaciones que hoy parecen salidas de la ciencia ficción. La verdadera pregunta no es si blockchain e IA transformarán nuestra economía, sino cuándo y cómo estarás preparado para aprovechar su poder transformador en tu vida y tu negocio.

Criptomonedas e IA: Creando Nuevos Modelos Económicos

La economía global está viviendo una transformación sin precedentes. La convergencia de dos tecnologías revolucionarias, las criptomonedas y la inteligencia artificial (IA), está dando lugar a modelos económicos que desafiaban la imaginación hace apenas una década. Pero, ¿qué significa esto para ti, para las empresas y para la sociedad en su conjunto?

En este capítulo, exploraremos cómo estas fuerzas están cambiando las reglas del juego, desde la creación de nuevas formas de riqueza hasta la reinvención de las estructuras de mercado. Analizaremos los desafíos y oportunidades de esta revolución, y te invitamos a reflexionar sobre cómo puedes posicionarte estratégicamente en este nuevo panorama económico.

1. De la Moneda Tradicional a los Modelos Descentralizados

El dinero, como lo conocemos, está cambiando. Desde la invención de Bitcoin en 2009, las criptomonedas han planteado una pregunta fundamental: ¿Es posible un sistema financiero sin intermediarios?

El impacto de las criptomonedas

Hoy, más de 420 millones de personas en el mundo poseen criptomonedas, según TripleA (2024). Esto no solo representa un cambio en la forma en que las personas almacenan valor, sino también en cómo interactúan con la economía.

Modelos como DeFi (Finanzas Descentralizadas) han dado acceso a servicios financieros como préstamos, ahorros e inversiones a comunidades desatendidas por los bancos tradicionales. En lugar de pasar por instituciones centralizadas, los usuarios interactúan directamente a través de contratos inteligentes, reduciendo costos y aumentando la transparencia.

IA potenciando las criptomonedas

Mientras tanto, la inteligencia artificial está optimizando este ecosistema. Plataformas como Chainalysis utilizan IA para rastrear transacciones en blockchain, combatiendo el lavado de dinero y mejorando la seguridad. Además, la IA está facilitando el análisis de grandes volúmenes de datos financieros, ayudando a los usuarios a tomar decisiones más informadas.

Pregunta para ti: ¿Cómo se vería tu vida financiera si pudieras evitar intermediarios, reducir costos y tener el control total de tus activos?

2. Nuevos Mercados y Modelos de Trabajo

La combinación de criptomonedas e IA está redefiniendo cómo ganamos y usamos el dinero.

Trabajo descentralizado y economía global

Las criptomonedas están permitiendo pagos instantáneos y de bajo costo en cualquier parte del mundo. Esto ha abierto oportunidades para freelancers y trabajadores en economías emergentes. Plataformas como Bitwage pagan salarios en criptomonedas, eliminando los costos asociados con transferencias internacionales.

La IA, por su parte, está automatizando tareas repetitivas, pero también creando nuevas industrias. Por ejemplo, los creadores de contenido generado por IA, como arte digital y música, están monetizando su trabajo a través de NFTs. Este modelo ha generado un mercado de $40 mil millones en 2023, según Statista.

Riesgos y desafíos

Sin embargo, esta transformación no está exenta de desafíos. La automatización impulsada por IA puede desplazar a trabajadores de sectores tradicionales, y el acceso desigual a estas tecnologías podría aumentar la brecha económica global.

Pregunta para ti: ¿Estás preparado para adaptarte a un mercado laboral en constante cambio? ¿Qué habilidades necesitas desarrollar para prosperar en este nuevo entorno?

3. Modelos de Consumo Personalizado

El comercio y el consumo también están evolucionando gracias a estas tecnologías.

Criptomonedas para el consumidor

Grandes empresas como Tesla y Microsoft ya aceptan pagos en criptomonedas, lo que permite a los consumidores utilizar Bitcoin, Ethereum y otras monedas para adquirir productos y servicios. Este modelo no solo reduce costos de transacción, sino que también aumenta la inclusión financiera.

IA para la personalización extrema

¿Alguna vez te has preguntado cómo Netflix sabe qué series recomendarte o por qué Amazon siempre sugiere productos que te interesan? Esa es la magia de la IA en acción. Ahora imagina un sistema donde tus compras no solo están impulsadas por IA, sino también respaldadas por blockchain.

En un futuro cercano, podrías tener un asistente de IA que gestione tus finanzas personales, compre productos al mejor precio en tiempo real y asegure que cada transacción sea transparente y verificable gracias a blockchain.

4. Economía de Datos: El Petróleo del Siglo XXI

Los datos son el recurso más valioso de la era digital. Pero, ¿quién los controla y cómo se monetizan?

Blockchain para la soberanía de los datos

Actualmente, gigantes tecnológicos como Google y Facebook recopilan y monetizan nuestros datos sin que tengamos mucho control. Blockchain ofrece una alternativa: un modelo donde los individuos poseen y controlan sus datos. Plataformas como Ocean Protocol permiten a las personas vender sus datos directamente a empresas, obteniendo una compensación justa.

IA para maximizar el valor de los datos

La IA está llevando este modelo un paso más allá, analizando datos en tiempo real para crear servicios personalizados. Por ejemplo, en la atención médica, los pacientes podrían vender sus datos anonimizados a empresas farmacéuticas, acelerando la investigación y recibiendo una compensación económica.

Oportunidad para ti: ¿Qué pasaría si pudieras ganar dinero compartiendo tus datos, en lugar de regalarlo a las grandes corporaciones?

5. Gobernanza y Economía Colaborativa

La gobernanza económica está adoptando formas más inclusivas y descentralizadas gracias a estas tecnologías.

DAOs: Organizaciones Autónomas Descentralizadas

Las DAOs (por sus siglas en inglés) son comunidades gobernadas por reglas codificadas en blockchain, sin necesidad de líderes tradicionales. Cada miembro tiene voz y voto proporcional a su contribución. Por ejemplo, proyectos como Uniswap han distribuido miles de millones de dólares en recompensas a sus participantes.

IA para mejorar la colaboración

Mientras tanto, la IA está facilitando la toma de decisiones colectivas, analizando datos y ofreciendo recomendaciones basadas en patrones históricos y proyecciones futuras.

Aunque estas estructuras ofrecen transparencia y equidad, también enfrentan desafíos, como la coordinación entre miembros dispersos geográficamente y la falta de regulación clara.

Reflexión: ¿Podrías imaginar un mundo donde tu empresa o comunidad esté gobernada por reglas justas, sin jerarquías rígidas?

6. Retos Éticos y Regulatorios

La implementación de criptomonedas e IA no está exenta de controversias.

El desafío de la regulación

Muchos gobiernos aún están luchando por comprender estas tecnologías. Por un lado, países como El Salvador han adoptado Bitcoin como moneda oficial. Por otro lado, China ha prohibido su uso.

La falta de marcos regulatorios claros crea incertidumbre para empresas e inversores. Sin embargo, también abre oportunidades para quienes están dispuestos a asumir riesgos calculados.

Ética en IA y criptomonedas

La IA enfrenta críticas por problemas como el sesgo algorítmico y el impacto en la privacidad. Por su parte, las criptomonedas son cuestionadas por su uso en actividades ilícitas.

Pero aquí está la oportunidad: quienes desarrollen soluciones éticas y transparentes tendrán una ventaja competitiva significativa en el mercado.

7. El Futuro: ¿Hacia Dónde Nos Llevan Estas Tecnologías?

La convergencia de criptomonedas e IA está apenas comenzando. Según Gartner, el 75% de las empresas integrarán blockchain e IA en sus operaciones para 2030. Las oportunidades son inmensas, pero también los desafíos.

Como lector, estás en una posición única para aprovechar esta revolución. Aquí hay algunas preguntas para reflexionar:

- ¿Qué habilidades puedes desarrollar para estar preparado?

- ¿Cómo puedes usar estas tecnologías para crear valor en tu comunidad o negocio?

- ¿Qué medidas tomarás para navegar los desafíos éticos y regulatorios?

La economía del futuro no será definida por los viejos paradigmas, sino por quienes se atrevan a innovar. ¿Serás tú uno de ellos?

CAPÍTULO 5: EL FUTURO QUE NOS ESPERA: FINANZAS DESCENTRALIZADAS (DEFI), METAVERSO Y REGULACIONES

Qué esperar de la convergencia entre la IA y DeFi

El mundo de las finanzas está experimentando una revolución sin precedentes, liderada por tecnologías disruptivas como las Finanzas Descentralizadas (DeFi) y la Inteligencia Artificial (IA). La unión de estas dos fuerzas promete transformar no solo cómo gestionamos el dinero, sino también las estructuras económicas que lo sostienen. En este capítulo, exploraremos el futuro que nos espera en esta fascinante convergencia, con una mirada hacia el impacto del metaverso y las inevitables regulaciones que moldearán esta nueva era financiera.

DeFi e IA: Una Pareja Perfecta

Las Finanzas Descentralizadas representan una alternativa a los sistemas financieros tradicionales, eliminando intermediarios como bancos o instituciones centralizadas. Con DeFi, las transacciones son gestionadas por contratos inteligentes en blockchain, lo que las hace más rápidas, transparentes y accesibles a nivel global. Por su parte, la IA añade una capa de inteligencia y automatización que puede potenciar aún más estas cualidades.

Automatización Inteligente y Contratos Inteligentes

Los contratos inteligentes en DeFi son esenciales para ejecutar acuerdos de forma autónoma. Sin embargo, estos contratos, aunque eficientes, son rígidos en su diseño. Aquí es donde la IA entra en juego. Al integrar aprendizaje automático en los contratos inteligentes, estos podrían adaptarse dinámicamente a situaciones específicas, como fluctuaciones de mercado o cambios regulatorios. Imagina un contrato de préstamo que reajuste automáticamente las tasas de interés en función de un análisis en tiempo real de riesgos económicos, mejorando la experiencia tanto para prestamistas como para prestatarios.

Optimización de Liquidez y Rendimiento

La IA ya está demostrando ser revolucionaria en la optimización de liquidez en plataformas DeFi. Algoritmos avanzados pueden analizar millones de datos en segundos para predecir patrones de mercado y gestionar pools de liquidez de manera más eficiente. Esto no solo reduce riesgos para los inversores, sino que también aumenta las oportunidades de generar rendimientos significativos.

El Metaverso como Ecosistema Financiero

El metaverso es otro jugador crucial en esta convergencia. En este universo digital, las transacciones financieras tendrán un papel central, desde la compra de bienes virtuales hasta el intercambio de servicios y activos tokenizados. La IA y DeFi se convertirán en los pilares que sostendrán esta economía virtual.

Monedas Digitales y Finanzas en el Metaverso

Las monedas digitales, incluidas criptomonedas y tokens no fungibles (NFTs), serán la base del comercio en el metaverso. La IA facilitará la creación de experiencias de usuario hiperpersonalizadas, mientras que las soluciones DeFi ofrecerán herramientas de financiación y préstamos accesibles directamente desde el mundo virtual. ¿Necesitas un préstamo para comprar una parcela virtual en un mundo digital? Gracias a DeFi y la IA, podrías obtenerlo en minutos, con condiciones adaptadas a tus preferencias y riesgos calculados en tiempo real.

Identidades Digitales y Seguridad

El concepto de identidad digital será crucial en el metaverso, y la IA desempeñará un papel vital en garantizar su seguridad. La autenticación basada en biometría, el análisis de patrones de comportamiento y las auditorías en blockchain garantizarán que las transacciones sean seguras y fiables. Este nivel de confianza será imprescindible para que las personas y empresas adopten plenamente estas tecnologías.

Desafíos en el Horizonte: Regulaciones y Ética

Aunque el futuro parece prometedor, también está lleno de desafíos, especialmente en lo que respecta a regulaciones. Los gobiernos y las instituciones financieras están empezando a darse cuenta del impacto de DeFi y la IA, y buscan establecer normas que protejan a los usuarios sin sofocar la innovación.

Regulaciones en DeFi

Una de las mayores ventajas de DeFi es su naturaleza descentralizada, pero esta misma característica puede convertirse en un obstáculo. Los reguladores quieren evitar actividades ilícitas como el lavado de dinero, pero sin un control centralizado, garantizar el cumplimiento es complejo. La IA podría ser la solución, proporcionando sistemas de monitoreo que detecten actividades sospechosas en tiempo real sin comprometer la privacidad de los usuarios.

El Papel de la Ética

Además de las regulaciones, la ética será un tema crítico. La IA en DeFi debe diseñarse para evitar sesgos, proteger datos personales y garantizar que los beneficios de esta tecnología lleguen a todos, no solo a quienes ya tienen recursos. Esto requiere un esfuerzo conjunto entre desarrolladores, gobiernos y la comunidad global.

El Impacto en las Empresas y los Consumidores

La convergencia de la IA y DeFi no solo cambiará el panorama financiero global, sino que también transformará la forma en que las empresas y los consumidores interactúan con el dinero.

Empoderamiento Financiero para Todos

Uno de los mayores beneficios de DeFi e IA es su capacidad para democratizar las finanzas. Los consumidores en países en desarrollo, donde los servicios bancarios tradicionales son inaccesibles, podrán utilizar plataformas DeFi para obtener préstamos, enviar remesas o incluso iniciar negocios. La IA garantizará que estas soluciones sean eficientes, asequibles y seguras.

Estrategias Empresariales Innovadoras

Para las empresas, la combinación de IA y DeFi abrirá nuevas oportunidades para gestionar capital, optimizar operaciones y reducir costos. Por ejemplo, las startups podrían obtener financiación directamente a través de plataformas DeFi, evitando las barreras de entrada del sistema financiero tradicional. Además, las herramientas basadas en IA permitirán a las empresas analizar riesgos y tomar decisiones informadas en tiempo real.

El Camino hacia el Futuro

El potencial de la convergencia entre la IA y DeFi es inmenso, pero su éxito dependerá de cómo se gestionen los desafíos que plantea. A medida que avanzamos hacia un mundo más conectado y digitalizado, es esencial adoptar estas tecnologías de manera responsable y sostenible.

La IA y DeFi no solo prometen cambiar cómo manejamos el dinero, sino que también tienen el poder de redefinir nuestras estructuras sociales y económicas. La clave estará en mantener un equilibrio entre innovación, regulación y ética, garantizando que el futuro financiero sea inclusivo y equitativo para todos.

En el horizonte se vislumbra un mundo en el que las barreras financieras desaparecen, las economías virtuales prosperan y cada individuo tiene el poder de participar en el sistema financiero global. ¿Estamos listos para el cambio? La revolución apenas comienza.

Cómo se Están Moldeando las Regulaciones y Qué Impacto Tendrán en el Ecosistema de Criptomonedas y DeFi

El crecimiento explosivo de las criptomonedas y las Finanzas Descentralizadas (DeFi) ha capturado la atención de inversionistas, gobiernos y organismos reguladores de todo el mundo. Este ecosistema, que en 2023 superó los $200 mil millones en valor bloqueado en DeFi y una capitalización total de mercado de criptomonedas que rondaba los $1.2 billones de dólares, está redefiniendo las reglas del juego financiero. Sin embargo, con esta expansión surgen preguntas críticas sobre seguridad, transparencia y regulación.

En este capítulo, exploramos cómo las regulaciones están tomando forma, las tensiones entre innovación y control, y el impacto que tendrán en el futuro del ecosistema cripto.

El Estado Actual de las Regulaciones

La postura regulatoria hacia las criptomonedas y DeFi varía enormemente entre países, desde prohibiciones totales hasta enfoques favorables a la innovación.

Países Pioneros en Regulación

1. Estados Unidos:

En EE. UU., la SEC (Securities and Exchange Commission) y la CFTC (Commodity Futures Trading Commission) lideran el esfuerzo regulatorio. En 2023, la SEC clasificó algunos tokens como valores, aplicando las leyes existentes de mercados de capitales. Sin embargo, esta postura ha generado incertidumbre, ya que muchos proyectos no saben si cumplen con las normativas.

- Ejemplo: En 2023, la SEC demandó a Ripple Labs, argumentando que su token XRP era un valor. Aunque Ripple ganó parcialmente, el caso subrayó la necesidad de regulaciones más claras.

2. Unión Europea:

Con la aprobación del reglamento MiCA (Markets in Crypto-Assets) en 2024, la UE se posicionó como líder regulatorio global. Este marco exige que los emisores de criptomonedas se registren y cumplan requisitos estrictos de transparencia.

- Cifras: En 2024, más del 25% de los exchanges globales comenzaron a operar bajo licencias otorgadas por MiCA.

3. Asia:

- Singapur ha adoptado un enfoque amigable, atrayendo a empresas cripto mediante incentivos fiscales y normativas claras.

- China, por el contrario, ha prohibido completamente las transacciones de criptomonedas, mientras impulsa su yuan digital (CBDC).

Países Restringidos y Problemas Legales

En países como India, donde las tasas impositivas sobre transacciones cripto alcanzaron el 30%, el comercio cayó un 40% en 2023, según Chainalysis. Este enfoque restrictivo ha empujado a los usuarios hacia plataformas no reguladas, exponiéndolos a riesgos mayores.

Impacto Potencial de las Regulaciones

Las regulaciones, si bien necesarias, traen consigo tanto beneficios como desafíos para el ecosistema.

Beneficios Potenciales de una Regulación Clara

1. Mayor Confianza del Usuario:

La falta de regulación ha sido una barrera para que muchos usuarios adopten criptomonedas. Un marco regulatorio claro podría atraer a inversionistas institucionales, aumentando la liquidez en el mercado.

- Cifra: Un estudio de PwC en 2023 mostró que el 52% de los fondos de inversión institucionales esperaban claridad regulatoria para invertir en DeFi.

2. Reducción de Fraudes:

Según CipherTrace, las pérdidas por fraudes y hacks en DeFi alcanzaron los $3.8 mil millones en 2022. La implementación de auditorías obligatorias y estándares de seguridad podría reducir estos riesgos significativamente.

3. Atracción de Empresas Globales:

Países con regulaciones claras, como Suiza y Singapur, están atrayendo a empresas innovadoras, posicionándose como centros financieros del futuro.

- Ejemplo: Binance, uno de los exchanges más grandes del mundo, trasladó su sede a Dubái en 2023 debido a su enfoque regulatorio favorable.

Desafíos de las Regulaciones Estrictas

1. Fuga de Innovación:

Regulaciones excesivamente restrictivas pueden empujar a los desarrolladores y empresas hacia jurisdicciones más permisivas.

- Ejemplo: En 2023, el exchange FTX migró su base de operaciones de EE. UU. a las Bahamas para evitar la incertidumbre regulatoria.

2. Acceso Restringido:

Las normativas estrictas podrían aumentar los costos de cumplimiento, afectando a pequeñas startups y limitando el acceso de usuarios de bajos ingresos.

3. Concentración del Poder:

La implementación de regulaciones podría dar ventaja a grandes empresas, eliminando la descentralización que es el núcleo de DeFi.

El Rol de la Inteligencia Artificial en la Regulación

La Inteligencia Artificial está emergiendo como una herramienta clave para abordar los desafíos regulatorios en el ecosistema cripto.

Detección de Fraudes y Lavado de Dinero

La IA puede analizar grandes volúmenes de transacciones en tiempo real para identificar patrones sospechosos, ayudando a los reguladores a cumplir con leyes contra el lavado de dinero (AML) y financiamiento del terrorismo (CFT).

- Ejemplo: Chainalysis, una firma líder en análisis blockchain, utiliza IA para rastrear el origen de fondos ilícitos y reportar actividades sospechosas a las autoridades.

Auditorías Automáticas

Las auditorías de contratos inteligentes son esenciales para prevenir hacks. Herramientas basadas en IA, como CertiK y OpenZeppelin, ya están ayudando a identificar vulnerabilidades antes de que sean explotadas.

Predicción de Impacto Regulatorio

La IA también puede modelar cómo las nuevas leyes impactarán en el mercado, ayudando a los legisladores a tomar decisiones más informadas.

El Futuro de las Regulaciones: Hacia un Ecosistema Equilibrado

A medida que las regulaciones evolucionan, es crucial encontrar un equilibrio entre proteger a los usuarios e incentivar la innovación.

Regulación Colaborativa y Global

El carácter transfronterizo de las criptomonedas exige cooperación internacional para establecer normas coherentes.

- Ejemplo: El G20 en 2024 discutió la necesidad de un marco global para regular las stablecoins, un activo clave en el ecosistema cripto.

Sandbox Regulatorios

Los sandboxes permiten a las startups operar bajo supervisión regulatoria limitada mientras prueban nuevos modelos. Países como el Reino Unido y Singapur ya han implementado esta estrategia con éxito.

- Cifra: Según un informe de Innovate Finance, el 70% de las startups que operaron en sandboxes regulatorios obtuvieron licencias completas en menos de dos años.

Incorporación de CBDCs

Las Monedas Digitales de Bancos Centrales (CBDCs) podrían integrarse con plataformas DeFi, proporcionando una puerta de entrada regulada al ecosistema cripto.

Casos Prácticos: Impacto de Regulaciones en el Ecosistema

Caso de El Salvador

En 2021, El Salvador adoptó Bitcoin como moneda de curso legal, enfrentando críticas y desafíos regulatorios internacionales. Aunque la implementación inicial fue accidentada, el país ha visto un aumento en el turismo y las remesas, con más de 4 millones de salvadoreños utilizando wallets digitales en 2023.

El Caso de Terra (LUNA)

El colapso de Terra en 2022, que borró más de $40 mil millones en valor, llevó a los reguladores a priorizar la supervisión de las stablecoins. En 2023, MiCA en la UE estableció requisitos estrictos para su emisión y respaldo.

Binance y su Licencia en Francia

En 2023, Binance obtuvo una licencia para operar en Francia, comprometiéndose a cumplir con normativas locales. Esto aumentó su credibilidad, atrayendo a más de 1.5 millones de usuarios europeos en menos de un año.

El impacto de las regulaciones en el ecosistema cripto y DeFi será profundo, moldeando tanto su desarrollo como su adopción masiva. Si bien los desafíos son considerables, también hay enormes oportunidades para crear un sistema financiero más justo, accesible y eficiente.

El éxito dependerá de la capacidad de reguladores, innovadores y usuarios para trabajar juntos hacia un futuro donde la tecnología y la legislación coexistan de manera armoniosa. El ecosistema cripto está en la encrucijada entre el caos y la madurez; las decisiones que tomemos hoy definirán su destino.

¿Estamos preparados para abrazar este cambio? Solo el tiempo dirá, pero una cosa es segura: el futuro financiero será moldeado por la convergencia entre tecnología, regulación y creatividad humana.

Aspecto	Cifra/Hecho Relevante	Impacto
Valor Total Bloqueado en DeFi (2023)	$200 mil millones	Muestra la magnitud del mercado DeFi y su importancia en el ecosistema cripto.
Capitalización de Mercado de Criptomonedas	$1.2 billones	Destaca la relevancia económica de las criptomonedas a nivel global.
Estados Unidos: Casos Notables	Caso Ripple (XRP): $1.3 mil millones disputados	Subraya la incertidumbre regulatoria en EE. UU.
Unión Europea: MiCA	Implementación en 2024, abarca el 25% de exchanges globales	Establece a la UE como líder en regulación, aumentando la transparencia y atrayendo empresas.
Asia: Singapur vs. China	Singapur: enfoque amigable; China: prohibición total	Ejemplos de enfoques contrastantes hacia la regulación cripto.
Fraudes y Hacks en DeFi (2022)	$3.8 mil millones	Resalta la necesidad urgente de regulaciones y auditorías obligatorias para mitigar riesgos.
Impacto de Altas Tasas en India	Comercio cripto cayó un 40% debido al impuesto del 30%	Muestra cómo regulaciones restrictivas pueden desalentar la adopción.
Inversión Institucional Potencial	52% de los fondos esperan claridad regulatoria para entrar en DeFi	Indica el potencial de crecimiento con un marco regulatorio claro.
Startups en Sandboxes Regulatorios	70% obtuvieron licencias completas en menos de dos años	Demuestra cómo los sandboxes fomentan la innovación en un entorno controlado.
Usuarios de Wallets en El Salvador (2023)	4 millones	Ejemplo de adopción masiva impulsada por políticas favorables, como la adopción de Bitcoin como moneda de curso legal.
Colapso de Terra (LUNA)	Pérdidas de $40 mil millones	Llamado de atención para regular las stablecoins, destacando su impacto en los mercados globales.
Licencia de Binance en Francia	Más de 1.5 millones de usuarios europeos en un año	Ejemplo de cómo cumplir regulaciones locales aumenta la confianza de los usuarios y la credibilidad de la empresa.

APÉNDICES

1. Glosario Cripto-IA

Este glosario está diseñado para que incluso aquellos que son nuevos en el mundo del Bitcoin, las criptomonedas y la inteligencia artificial (IA) puedan comprender los términos clave. Si alguna vez te has sentido perdido con términos como hash rate o machine learning, aquí tienes explicaciones simples y claras.

- Blockchain: Una base de datos digital distribuida que registra transacciones de manera segura y transparente. Piensa en ella como un libro de contabilidad inmutable y compartido por muchos.

- Bitcoin: La primera criptomoneda creada, diseñada como una forma de dinero digital descentralizado que no depende de bancos o gobiernos.

- Criptomoneda: Una forma de dinero digital asegurada con criptografía que opera en una blockchain. Ejemplos incluyen Bitcoin, Ethereum y Solana.

- Hash Rate: La medida de la potencia de procesamiento en una red blockchain. Cuanto mayor sea el hash rate, más segura es la red.

- Mining (minería): El proceso de validar transacciones y agregar bloques a la blockchain, realizado por computadoras que resuelven complejos problemas matemáticos.

- DeFi (Finanzas Descentralizadas): Ecosistema de aplicaciones financieras que operan sin intermediarios como bancos, utilizando contratos inteligentes en blockchain.

- Machine Learning (aprendizaje automático): Una rama de la IA que permite a las computadoras aprender de datos y mejorar con el tiempo sin ser programadas explícitamente.

- Algoritmo: Un conjunto de reglas y pasos utilizados por computadoras para resolver problemas, como analizar mercados de criptomonedas.

- Smart Contracts (contratos inteligentes): Programas que se ejecutan automáticamente cuando se cumplen ciertas condiciones, utilizados en aplicaciones blockchain como DeFi.

- Token: Un activo digital creado en una blockchain, que puede representar moneda, derechos de propiedad o acceso a servicios.

2. Herramientas y Recursos Recomendados

Para triunfar en el mundo de las criptomonedas y la IA, necesitas las herramientas adecuadas y fuentes confiables para aprender. A continuación, una lista de recursos esenciales:

Plataformas de IA para Trading

- TradeSanta: Automatiza tus estrategias de trading en criptomonedas con bots configurables.

- 3Commas: Ofrece bots de trading avanzados, análisis de mercado y gestión de carteras.

- QuantConnect: Plataforma para desarrollar y probar algoritmos de trading basados en IA.

Monederos Seguros

- Ledger Nano X: Monedero físico que ofrece máxima seguridad para almacenar tus criptomonedas.

- Exodus: Monedero digital intuitivo con soporte para múltiples criptomonedas.

- MetaMask: Monedero basado en navegador ideal para interactuar con aplicaciones DeFi y contratos inteligentes.

Fuentes de Aprendizaje

- CoinMarketCap y CoinGecko: Para monitorear precios, proyectos y análisis de mercado.

- Academia de Binance: Recursos educativos gratuitos sobre blockchain y criptomonedas.

- Coursera: Cursos sobre inteligencia artificial, blockchain y finanzas tecnológicas.

3. Preguntas Frecuentes sobre Bitcoin, Criptomonedas y la IA

¿Qué hace que Bitcoin sea diferente de las monedas tradicionales?

Bitcoin no es controlado por bancos o gobiernos, y su suministro es limitado a 21 millones de unidades, lo que lo hace resistente a la inflación.

¿Es seguro invertir en criptomonedas?

Como cualquier inversión, las criptomonedas tienen riesgos. Sin embargo, al utilizar monederos seguros y estrategias bien pensadas, puedes minimizar los riesgos.

¿Cómo puede la IA mejorar mi experiencia en criptomonedas?

La IA puede ayudarte a analizar mercados, identificar patrones y automatizar operaciones, lo que aumenta la eficiencia y reduce errores humanos.

¿Qué son los contratos inteligentes y cómo se usan?

Los contratos inteligentes son programas autoejecutables en blockchain que permiten acuerdos automáticos y transparentes, desde préstamos hasta compra de activos digitales.

¿Necesito mucho dinero para comenzar?

No. Con plataformas como Binance o Coinbase, puedes empezar con tan solo $10.

4. Impactos Éticos y Sociales: Retos y Oportunidades

Privacidad y Descentralización

La tecnología blockchain y la IA plantean grandes oportunidades para empoderar a los individuos al descentralizar servicios financieros. Sin embargo, también presentan riesgos para la privacidad. Por ejemplo, el análisis de datos masivos por parte de IA podría comprometer la confidencialidad de las transacciones en ciertas blockchains públicas.

Desigualdad Tecnológica

El acceso desigual a la tecnología podría profundizar las brechas económicas y sociales. Es esencial trabajar en soluciones que permitan a más personas beneficiarse de estas innovaciones.

Dilemas Éticos

- IA y toma de decisiones financieras: ¿Deberíamos permitir que las IA tomen decisiones financieras críticas?

- Blockchain y crimen: El anonimato de las criptomonedas ha sido aprovechado para actividades ilícitas. ¿Cómo encontrar un equilibrio entre privacidad y seguridad?

5. Cómo Empezar Hoy Mismo: Guía para Tus Primeros Pasos

¿Listo para sumergirte en el mundo de las criptomonedas y la IA? Aquí tienes una hoja de ruta práctica:

Paso 1: Aprende los Fundamentos

Dedica tiempo a comprender qué es Bitcoin, cómo funcionan las criptomonedas y por qué la IA está transformando las finanzas.

Paso 2: Elige un Monedero Seguro

- Para pequeñas cantidades: Utiliza un monedero digital como Trust Wallet.

- Para mayores cantidades: Adquiere un monedero físico como Ledger.

Paso 3: Compra tus Primeras Criptomonedas

- Regístrate en una plataforma confiable como Binance o Coinbase.

- Realiza tu primera compra con una pequeña cantidad, como Bitcoin o Ethereum.

Paso 4: Explora DeFi y Staking

- Prueba plataformas DeFi como Aave o Uniswap para obtener rendimientos pasivos.

- Participa en staking para contribuir a la seguridad de una red blockchain y ganar recompensas.

Paso 5: Integra la IA en tu Estrategia

- Usa herramientas de IA para analizar el mercado, como bots de trading.

- Experimenta con aplicaciones que combinan IA y blockchain, como Ocean Protocol.

Paso 6: Mantente Actualizado

El mundo cripto-IA evoluciona rápidamente. Sigue fuentes confiables y participa en comunidades como foros de Reddit o Discord.

FIN